¡Sssssshhhhhhhhhh!

Haz del teatro algo íntimo

Llévalo siempre en el bolsillo

Cubierta y diseño editorial: Éride, Diseño Gráfico
Dirección editorial: ángel jiménez

Primera edición: enero, 2025

Donde mueren las palabras
© Ángel Caballero
© Del prólogo: Juan Carlos Rubio
© VdB, 2025
Espronceda, 5
28003 Madrid

VdB®

ISBN: 978-84-19850-96-6
Depósito Legal: M-1884-2025
Diseño y preimpresión: Éride, Diseño Gráfico

 Este libro protege el entorno

donde mueren las palabras

Ángel Caballero
(Málaga, 1986.)

Dramaturgo, actor, productor y director teatral. Después de quince años dedicado íntegramente a su carrera como actor, compagina este oficio con la dirección, la dramaturgia y la producción teatral. Su ópera prima *Donde mueren las palabras*, estrenada en el Teatro Lara de Madrid y en varios países, y publicada en 2019, fue finalista al Premio Nacional de Literatura Dramática. En 2021 publicó *El último baile de Miss U.*, estrenada en el Teatro Pavón de Madrid, una obra inspirada en la vida de la actriz y Miss Universo Amparo Muñoz, que fue representada en el marco del XII Congreso Internacional para la investigación de la violencia contra la mujer, organizado por la Junta de Andalucía en Sevilla.

En 2024, dentro del marco del 41 Festival de Teatro de Málaga, publicó y estrenó, colgando el cartel de «No hay localidades», *Chelsea Hotel*, una pieza teatral inspirada en el célebre encuentro que tuvieron Leonard Cohen y Janis Joplin en el mítico hotel de Nueva York a finales de los años sesenta.

Como actor ha intervenido en series de TV como *El Marqués*, *Desaparecidos*, *Brigada Costa del Sol*, *Carmina*, *La historia de Carmen Ordóñez*, *Perdóname Señor*, *Los misterios de Laura* o la coproducción andaluza/mexicana *Entre Olivos*.

Sobre las tablas, como actor, en *La vida que se merecen*, *Todo sobre Vázquez*, *La katarsis del tomatazo* o *Volveremos a hablar de esta noche*, entre otras.

ÁNGEL CABALLERO

donde mueren las palabras

Esta obra se estrenó en el Teatro Lara de Madrid,
el 25 de enero de 2019, interpretada por Ramón San Román (JOSE.),
Carlos Camino (JUAN.), Ángel Caballero (ÁNGEL.) y Román Reyes (CARLOS.).

Dirección: Ángel Caballero.

A mis padres, por apoyarme y creer siempre en mí.

A mis abuelos, por ser un ejemplo y un referente.

A Jaime, por enseñarme a hablar —y a escribir— con el corazón.

A Jose y a Juan, por su amistad y por ser fuente de inspiración.

A quien no supe escuchar lo que no decían sus palabras…

Prólogo

¿Dónde nacen las palabras? ¿En qué esquina recóndita de nuestra mente se atesora la inspiración necesaria para trasladar al papel una historia? Leo este texto de mi amigo Ángel Caballero y fantaseo con el origen de esta hermosa pieza que nos habla de la amistad perdida, de la melancolía de aquellos años que, tan solo por el hecho de ser irrecuperables, ya nos parecen los mejores. El gran Oscar Wilde escribió: «Perdone que no le reconozca, pero es que he cambiado mucho». ¿Quiénes somos? ¿El recuerdo de lo que fuimos? ¿La imagen que nos devuelve la mirada del otro? ¿Los dulces sueños que no cumplimos o la —a veces— amarga resaca del momento presente? Ángel, actor experimentado y dramaturgo novel, nos lanza sin reparo, como debe ser, todas esas cuestiones y construye un texto teatral donde la palabra es el eje central, lo dicho y, sobre todo, lo callado por sus protagonistas. Sigo fantaseando. Los ecos de la Málaga natal del autor, de los imborrables recuerdos atrapados en su cabeza, se proyectan sin descanso en su primera obra, que resuelve con estilo e interés dramático, apostando por una dramaturgia clásica pero donde los temas más actuales —la aceptación del yo, la compulsiva falta de tiempo, el engaño de la fama como

antídoto a nuestros problemas, la soledad, el suicidio, etc.— le confieren una modernidad e interés incuestionable. José, Juan, Ángel y Carlos comparten piso y amistad —o eso pretenden— en ese Madrid que devora nuestra atención hacia lo verdaderamente importante, alejados del Mediterráneo que los vio nacer, intentando que la llama de la estrecha relación que los unió en el pasado no se apague irremediablemente, víctima del potente viento de la novedad que sopla en la gran ciudad y, sobre todo, intentando que los rescoldos de su juventud los acompañen más allá del salto inevitable a la madurez. Al igual que Peter Pan se niega a ser adulto, los cuatro protagonistas de *Donde mueren las palabras* se niegan a crecer, a afrontar sus problemas cara a cara, a dejar de considerar un juego cualquier inconveniente. Ser adulto es para ellos —para todos nosotros en realidad— una carga difícil de soportar, tal y como nos cuenta de una manera tan certera la obra que van a leer. Solo puedo celebrar el nacimiento de un nuevo autor, alguien que, gracias a su trayectoria actoral, sabe aportar a su escritura teatral experiencia escénica, talento y habilidad. Feliz parto, compañero. El niño —o niña— ha nacido sano. Ahora debe caminar y crecer. Estoy seguro de que será tan guapo como su padre. Y también estoy seguro de que mientras existan personas como Ángel Caballero, las palabras nunca morirán.

Juan Carlos Rubio
Dramaturgo

Personajes
(Por orden de intervención.)

JOSE	Veintitrés años.
JUAN	Veintitrés años.
ÁNGEL	Veintitrés años.
CARLOS	Veintitrés años.

Acto I

Salón de una casa, decorado con poco gusto y poco dinero. Algo desordenado. En el centro hay una mesa y dos sofás. Se escucha a todo volumen una canción insufriblemente hortera y aparece JOSE *en calzoncillos y con aspecto desaliñado. Al instante entra también* JUAN, *en pijama y enciende las luces que se va encontrando a su paso.*

JOSE   ¿Se puede saber qué coño es eso?

JUAN   (*Irónico.*) La Traviata.

JOSE   ¿La Traviata? ¡A la mierda! Yo lo mato. Ángel, ¡abre la puta puerta!

ÁNGEL   ¿Pero qué pasa?

JOSE   ¿¡Qué pasa!? Que son las cuatro de la mañana y tienes la música a todo meter.

JUAN   Que estás despertando a medio Madrid y parte de Vallecas.

JOSE   Que tengo un examen de derecho constitucional en cuatro horas y por tu culpa voy a ir sin dormir.

13

ÁNGEL   Vale, vale, vale… (*Apaga el reproductor de música.*) ¡Música quitada! Es que estaba un poquito nervioso porque mañana tengo que presentar un trabajo y no conseguía concentrarme para acabarlo y entonces me he acordado de una pastillita que me dieron el otro día en la facultad…

JUAN   ¿Una pastillita? ¿Drogas?

ÁNGEL   ¡Qué va! Es todo súper natural. Solo lleva teína, cafeína, creatina, taurina, Ana Karenina… El caso es que me ha venido súper bien, porque me ha dado un subidón maravilloso y he conseguido acabar el trabajo a tiempo. Pero ahora no me baja, no me baja. Y me he dicho ¿Qué puedo hacer? Pues… ¡Entrenar!

JOSE   ¿Entrenar? ¿Con la música a toda pastilla a las cuatro de la mañana…? Juan, cógeme que le arranco la cabeza.

JUAN   Tío, ¿y no has pensado en ponerte unos cascos?

ÁNGEL   ¡Unos cascos! Así sentiría la música más cerca, más… desde dentro. Voy a por unos cascos. Noooo…

(ÁNGEL *se dispone a ir a su dormitorio, pero algo lo hace parar y se queda pensativo en mitad del salón.*)

JUAN   ¿Qué pasa?

ÁNGEL   Que no tengo cascos.

JOSE   No te preocupes, porque tampoco vas a tener cabeza en la que colocarlos.

JUAN   Venga, Jose, ya te ha pedido perdón. (*A ÁN-GEL.*) Yo te presto unos cascos.

ÁNGEL   Gracias. Y no te he pedido perdón, pero te lo pido… Perdón. (*Pausa.*) Uy, qué tensión. Bueno, ¿qué? ¿Y el examen qué? ¿Cómo lo llevas?

        (JOSE *salta sobre* ÁNGEL *queriendo matarlo, pero* JUAN *se interpone entre ellos. Se abre la puerta principal y entra* CARLOS.)

CARLOS   ¿Pero qué hacéis? Sois un poco mayorcitos ya para fiestas de pijama, ¿no?

        (JUAN *vuelve de su dormitorio con unos cascos que le entrega a* ÁNGEL.)

JUAN   (*A* ÁNGEL.) Aquí tienes.

ÁNGEL   Gracias, tío.

JUAN   Pero acuérdate de tu amigo el que te dio los cascos de la concentración cuando te den el… ¿Qué premio se le da a los periodistas? Bueno, acuérdate de mí.

JOSE   Sí, el que impidió que tu otro amigo te arrancara la cabeza.

ÁNGEL   Si no lo has hecho en catorce años…

CARLOS   Da gracias a que Juan y yo siempre hemos estado por medio.

JUAN   (*A* CARLOS.) ¿Y tú de donde llegas a estas horas?

CARLOS   Estaba… paseando.

JOSE   ¿A las cuatro de la mañana de un martes?

CARLOS   Sí, ¿qué pasa?

JOSE   No, nada… Es algo muy normal.

CARLOS   Yo nunca he sido muy normal.

JUAN   Pues si eso lo dice el más cuerdo de los cuatro…

CARLOS   Necesitaba aclarar la mente un poco… Empecé a andar y supongo que no miré la hora.

JOSE   Otro que necesita un reloj.

ÁNGEL   (*A* CARLOS, *con subidón.*) ¿Pero estás bien? ¿Estás bien? ¿Estás bien? ¿Te pasa algo?

CARLOS   ¿Y a ti?

ÁNGEL   ¿A mí? Nada. Que me he tomado una pasti-
          llita. Y ya sabes, cuando haces pop... Ya no
          hay stop. Lo digo por lo que dices de aclarar
          la mente...

CARLOS   No es nada serio. La carrera, los exámenes...
          ya sabéis.

JOSE   No me habléis de exámenes que en un rato
          tengo uno. Así que me voy a la cama.

JUAN   (A JOSE.) ¿Cómo lo llevas?

JOSE   Bastante bien, la verdad. Por ahora, lo voy
          aprobando todo así que creo que al final me
          va a dar tiempo a bajar con vosotros a casa
          para navidad y, con suerte, no voy a tener que
          volver a coger un libro hasta enero.

JUAN   A eso lo llamo yo «un estudiante aplicado».
          Y todo ello, a pesar, de las largas noches de
          pasión con Samara.

CARLOS   ¿Samara?

ÁNGEL   La protagonista de *The Ring*. La niña muerta
          del pozo con el pelo largo. La llamamos así
          porque cada vez que se ducha en casa nos deja
          el desagüe lleno de pelos. ¿Nunca has visto su
          rastro en la ducha?

CARLOS   La verdad es que no me he fijado. (A JOSE.) ¿Y
          cuándo vas a presentármela a mí también?

JUAN   No, si nosotros aún no la conocemos. Solo sabemos que ha pasado por aquí por el rastro de pelos que deja a su paso.

ÁNGEL   (*A* JOSE.) Venga, Jose, saca a Samara del pozo y preséntanosla.

JOSE   No la llaméis así. Y sí, viene de vez en cuando…

JUAN   Y se va igual de rápido.

JOSE   Pero lo del rastro tampoco es para tanto. Carlos no se había dado ni cuenta. ¿Qué queréis, que después de echar un polvo le diga que se vaya a su casa sin darse una ducha? Bastante malo es ya que nunca le digo que se quede a dormir.

JUAN   Hombre, si algo sabemos es que la muchacha limpia es…

ÁNGEL   Limpia y con pelazo. (*A* JUAN.) Ahora entiendo por qué cuando nos mudamos a esta casa cogió el dormitorio con entrada independiente a la calle… para traer a sus amantes sin riesgo de que al irse se enamore de alguno de nosotros. (*A* JOSE, *en tono bromista.*) Tío, yo nunca te levantaría una chica.

JOSE   Bueno, a ver qué haces cuando no te queden chicas a las que conquistar en los bares de

Malasaña. Y deja ya el temita de la habitación, que llevas cuatro años de matraca con él. Haberte espabilado y haber cogido antes.

ÁNGEL   Si no diste opción a elegir. Y yo no las conquisto. Me conquistan a mí. Yo solo… me dejo llevar. La mía es una profesión de… comunicación.

JUAN   Pero si nunca consigues comunicarte con ellas más de una noche.

ÁNGEL   Porque no quiero ataduras. Os lo he dicho mil veces, soy un lobo solitario.

JUAN   Menos lobos, *Lobezno*…

CARLOS   Ahora es cuando nos dice que está documentándose para su novela.

JUAN   Es verdad, la eterna novela…

ÁNGEL   Bueno, esa idea ya la he descartado. Ahora creo que voy a escribir sobre… Sobre un joven estudiante de derecho y su misteriosa amante a la que nunca presentó a sus amigos.

JOSE   Ya os la presentaré si veo que la cosa va más en serio.

JUAN   ¿Si va más enserio? Pero bueno… ¿Y ese cambio?

ÁNGEL   Si te hemos conocido hasta a aquella con la que te diste tu primer beso, y a la que ibas a su casa a tocarle…

JUAN
/ÁNGEL   (*A la vez.*) El piano.

JUAN   A ella y a sus padres.

JOSE   Teníamos quince años. Han pasado dos vidas desde aquello. ¡Superadlo ya!

JUAN   Es que aquellas notas que tocabais juntos no se pueden olvidar. Os adelantasteis a *La La Land*.

ÁNGEL
/JUAN   Tócala otra vez, Jose.

ÁNGEL   Fuisteis unos pioneros.

JOSE   Pues este pionero se va a la cama. Que como me quede dormido delante del folio en blanco… (*A* ÁNGEL.) Te vas a enterar.

JUAN   Oye, tú… Folio en blanco. ¿Vienes cuando acabes y sacamos todos juntos los billetes para ir a casa por navidad?

JOSE   Por supuesto. No me atrevería a romper la tradición.

JUAN   ¿Vosotros también podéis?

ÁNGEL   Aquí estaré.

CARLOS   Yo no creo que pueda bajar este año.

JUAN   Tío, si es por pasta…

CARLOS   No, no es eso. Bueno, un poco también, pero
          el dinero ya no es problema porque he encon-
          trado un trabajo…

JUAN   ¡Qué bien! ¿De lo tuyo? De… ¿de dibujante?

CARLOS   Delineante. Ojalá, pero no… voy a repartir
          pizzas.

JOSE   ¿Y te va a quedar tiempo para seguir estu-
          diando?

CARLOS   Espero que sí.

ÁNGEL   Hay tiempo para todo. El día tiene veinticua-
          tro horas. Y si te tomas una pastillita… Eso te
          da un subidón que vas por ahí… pizza, pizza,
          pizza…

JUAN   Eh, que es muy fácil decir eso cuando solo tie-
          nes que preocuparte por sacar adelante la ca-
          rrera. Yo tampoco trabajo y estoy hasta arri-
          ba. Que me paso el día en la residencia de Sara
          estudiando…

JOSE   Estudiando dice… ¿Ahora lo llaman así?

JUAN   A ver, hay tiempo para todo.

JOSE   Por lo que me han contado, ella estudia… y él la mira.

JUAN   No es eso, bocazas. Es que me cuesta mucho concentrarme cuando estoy a su lado.

ÁNGEL   Y luego la muchacha se pregunta como ella ha aprobado y él ha suspendido estudiando las mismas horas.

JOSE   Y lo que es peor, va a llegar a la conclusión de que el chaval no es muy listo. Y ese va a ser el fin.

JUAN   Pues espero que no, porque esta chica me gusta de verdad.

ÁNGEL   (*A* JOSE.) ¿No hemos oído esto antes?

JUAN   Os lo digo en serio. Es que cuando estamos juntos mi cabeza vuela y empiezo a pensar en todos los sitios donde me gustaría ir con ella, en todo lo que me gustaría hacer.

JOSE   Todo menos estudiar.

JUAN   Bueno, eso ya lo tengo más controlado. En navidad me pongo las pilas y me liquido las asignaturas atrasadas. (*A* CARLOS.) Y tú, ¿seguro que no quieres bajar con nosotros?

CARLOS   No es que no quiera. Lo que ocurre es que acabo de empezar a currar y no puedo marcharme en plena temporada alta y dejarlos colgados.

JUAN   ¿Y te vas a quedar aquí solo en navidad?

CARLOS   La verdad es que tampoco tengo mucho espíritu navideño este año.

ÁNGEL   ¿Pero te ha pasado algo? Si te ha pasado… tú dime. En confianza.

CARLOS   No te preocupes. No es nada del otro mundo.

JOSE   Te vamos a echar de menos, tío. Es la primera vez que no vamos todos juntos. No será lo mismo sin ti. Y ahora os dejo que como no me acueste ya y no apruebe este examen me veo el año que viene aquí solo, sin terminar la carrera.

ÁNGEL   (*Lo interrumpe.*) Solo no… Seguro que Samara se pasa por aquí para hacerte compañía.

JOSE   Hasta dentro de unas horas.

    (JOSE *sale de escena.*)

CARLOS   Pues al ritmo que voy, puede que yo también me quede el año que viene a hacerle compañía.

ÁNGEL   Venga, hombre. Otro exagerado. Seguro que no llevas más de un par de asignaturas atrasadas.

CARLOS   Yo también me voy a la cama. Estoy agotado
          y últimamente no duermo nada bien.

JUAN   Hasta mañana.

          (CARLOS *sale de escena.*)

ÁNGEL   Uy, me está entrando un bajón… Va a ser ver-
          dad eso de que las drogas no son buenas. Oye,
          ¿Se puede saber qué le pasa a este?

JUAN   Te lo cuento, pero yo no te he dicho nada. ¿En-
          tendido?

ÁNGEL   Dispara.

JUAN   El otro día escuché sin querer un mensaje que
          le dejó su padre muy cabreado en el contes-
          tador, quejándose de sus cambios de carrera.
          Que no está centrado y que no piensa pasar-
          le ni un euro más.

ÁNGEL   ¿Y le dejó ese mensaje en el contestador de
          casa? ¿En el fijo?

JUAN   Sí…

ÁNGEL   ¿Pero tenemos teléfono fijo?

JUAN   ¿Tú en qué mundo vives?

ÁNGEL   ¿Por qué no lo hizo en su buzón de voz?

JUAN   ¿Pero tú cuánto hace que no le llamas? Tiene la línea cortada por impago desde hace más de un mes.

ÁNGEL   Vivimos con él. Lo veo por aquí. Tampoco hace falta que lo llame. ¿Y ahora cómo va a pagar el piso?

JUAN   Le he dejado dinero para este mes. Y ya has oído que, por lo visto, ha encontrado trabajo.

ÁNGEL   Joder. Y yo hablándole de lo fácil que es compaginar el trabajo y los estudios. Parezco gilipollas. Yo… que solo tengo que vivir tranquilamente con lo que me pasan mis padres. Me siento fatal… ¿Y ahora qué hago? Mira voy a ir a hablar con él…

JUAN   No, espera a que él te lo cuente.

ÁNGEL   Pero…

JUAN   No. Me has prometido que no dirías nada. Si quiere contártelo, ya lo hará él.

ÁNGEL   ¿Y si no lo hace?

JUAN   Pues si no lo hace, ya encontramos la manera de ayudarlo sin que él se dé cuenta.

ÁNGEL   ¿Y eso cómo se hace?

JUAN   Tú déjame a mí.

ÁNGEL   ¿Sabes qué? Creo que serás un gran director de hotel.

JUAN   ¿Y eso a qué viene?

ÁNGEL   Porque siempre sabes lo que hay que decir a todo el mundo en el momento preciso. Sabes cuando alguien necesita una charla o un abrazo. Eso es un don. Y siempre, por difícil que sea la situación, sabes cómo controlarla.

JUAN   Pues… Gracias. Yo también creo que tú vas a ser un gran… (*Busca la palabra.*) reportero, escritor, periodista…

ÁNGEL   Sí, claro… ¡Lo que haga falta! Yo soy lo opuesto a lo que te acabo de decir. No sé… a veces pienso que me estoy equivocando.

JUAN   ¿En serio?

ÁNGEL   ¡Qué va!

JUAN   Lo sabía. Cómo te gusta compadecerte a ti mismo. Y que lo hagamos los demás. Cómo te conozco.

ÁNGEL   Bueno, un poquito de autocompasión…

JUAN   ¿Ese es el truco que utilizas para ligar tanto?

ÁNGEL   Uno de ellos. Si te portas bien, algún día te enseñaré los otros.

JUAN   No sé si quiero saber eso… Me voy a la cama, que por esta noche ya me he portado muy bien.

ÁNGEL   Juan… gracias. (*Vuelvo a su coraza de frivolidad.*) Por los cascos, por evitar que Jose me arranque la cabeza.

JUAN   Creo que me he enganchado a frenar desastres. No puedo evitarlo. ¿Qué le voy a hacer? Venga, hasta mañana.

ÁNGEL   Hasta mañana. Uy, creo que me está subiendo otra vez.

(JUAN y ÁNGEL *salen de escena.*)

Oscuro.

Acto II

Se encienden las luces. No hay nadie en escena. La casa está patas arriba, como si hubiera pasado un tsunami. Se abre la puerta principal y entran JOSE, JUAN *y* ÁNGEL *con ropa de abrigo y maletas de viaje.*

ÁNGEL   ¡Dios! ¡Nos han robado!

JOSE   Pues será a nosotros, porque lo de Carlos está esparcido por todo el salón.

ÁNGEL   ¿Llamo a la policía?

JOSE   Llama mejor a Carlos, y que recoja todo esto.

JUAN   No te molestes. Sigue sin teléfono.

JOSE   ¿Cómo lo sabes?

JUAN   Lo estuve llamando al móvil para felicitarle la navidad y el año nuevo y me fue imposible hablar con él.

ÁNGEL   ¿Y por qué no lo llamaste al fijo?

JUAN   Lo hice, pero nunca estaba. Deben estar ahí todos mis mensajes y los vuestros.

JOSE   Solo los tuyos y los de Ángel. A mí se me pasó por completo llamar.

ÁNGEL   Sí, bueno… Más bien solo los tuyos. Yo tampoco llamé.

JUAN   ¿Estáis de coña? Es la primera vez que bajamos a Málaga sin él por navidad… Ha pasado todas las fiestas aquí solo… ¿Y he sido el único que se ha acordado de llamarle?

ÁNGEL   ¿Qué quieres que te diga? Después de que me suspendieran el trabajo no estaba de ánimos para nada, ni para nadie. ¡Es la última vez que hago un trabajo drogao! Y luego llegar allí, encontrarte con toda la familia y tener que fingir delante de ellos que todo va de puta madre, que seguro que vas a acabar la carrera este año…

JOSE   (A JUAN.) Y ya sabes lo que es todo aquello… Que si padres, que si abuelos, que si cena de navidad, de año nuevo…

JUAN   No me lo puedo creer…

JOSE   Bueno, vale ya. Él también podría habernos llamado desde el fijo y no lo hizo.

JUAN   Mejor dejemos el tema y vamos a recoger un poco todo esto.

JOSE   No sé qué te pasa, pero tú estás un poquito sensible, ¿no?

ÁNGEL   Tiene razón. Somos una mierda de amigos. Quizás deberíamos habernos quedado aquí con él. ¿Qué fue de aquello de todos o ninguno?

JOSE   Venga ya. No tenemos quince años. Si tenemos que esperar a que todos tengamos tiempo para hacer un plan juntos, no saldríamos de casa. Además, que la navidad está para pasarla con la familia. Seguro que él no se ha dado ni cuenta de que no lo hemos llamado. (*Mira el móvil.*) Joder, qué tarde es. Me marcho.

JUAN   ¿Cómo que te marchas? ¿No nos vas a ayudar?

JOSE   Lo siento. No puedo. He quedado.

ÁNGEL   ¿Con Samara?

JOSE   Seguid con la broma, que os voy a dar un par de hostias como regalo de navidad a cada uno.

ÁNGEL   Yo es que soy más de roscón de reyes.

JOSE   ¿Con nata o sin nata?

ÁNGEL   Pues depende del día, la verdad. Entonces… ¿vas a verla?

JOSE   Eso no es asunto vuestro.

JUAN   (*A* ÁNGEL.) Eso es un sí.

        (*Entra* CARLOS. *Se despereza y bosteza.*)

CARLOS ¿Ya habéis vuelto?

JUAN   Claro, el seis de enero, como todos los años.

CARLOS ¿Ya estamos a día seis?

ÁNGEL   Sí, es seis. Es normal que no sepas en que día vives. Yo en estos días tampoco me aclaro.

CARLOS Perdonad el desorden. Ahora mismo lo recojo todo.

JUAN   No te preocupes. Nosotros te ayudamos.

ÁNGEL   (*Coge lo que parece un sujetador.*) ¿Esto también es tuyo?

CARLOS ¡¿Estaba ahí?! (*Todos se quedan callados a la espera de la respuesta de* CARLOS.) Ah, sí… Bueno, es que me he estado viendo con una chica que he conocido.

JOSE   ¿En clase?

CARLOS No, a clase hace tiempo que no voy. Ha sido en el trabajo.

JUAN	¿Le llevaste una pizza y surgió el flechazo?
CARLOS	Ya no reparto pizzas. Me robaron un par de veces, una de ellas a punta de pistola, y encima me echaron porque no me creyeron.
JUAN	¿Qué? ¿Te ha pasado algo?
CARLOS	Estoy bien. Tranquilos.
JOSE	¿No fuiste a denunciarlo?
CARLOS	No quería líos.
JOSE	Pero tienes que denunciarlo. No puedes dejarlo así.
CARLOS	Prefiero dejarlo pasar, de verdad.
JUAN	¿Pero cuando te pasó eso?
CARLOS	La primera vez a los pocos días de iros y la segunda en año nuevo.
ÁNGEL	¿Y por qué no nos llamaste?
CARLOS	En serio, ya está. Por favor, dejemos el tema. No quiero hablar de ello. Además, ya tengo un nuevo trabajo.
ÁNGEL	Donde conociste a la dueña del sujetador…

CARLOS   Así es. Trabajamos juntos en una empresa de reparto a domicilio veinticuatro horas. Entre llamada y llamada tenemos que estar esperando en la central y así nos conocimos.

JUAN   Bueno, ¿y cuándo nos la vas a presentar? ¿O tú también vas a esperar al día antes de vuestra boda?

JOSE   Ya estamos otra vez…

CARLOS   Es que no creo que volvamos a vernos. Al menos, en ese aspecto. Yo me colgué bastante, después me enteré de que ella tenía novio y… el caso es que ahora no me habla.

ÁNGEL   Pues en ese caso, nos quedamos con su sujetador.

JUAN   ¿Lo necesitas para tus noches de desenfreno?

ÁNGEL   Nunca se sabe lo que se puede necesitar para preparar un reportaje de… investigación.

JUAN   Ah, si es por trabajo…

CARLOS   ¿Qué tal vosotros por allí? ¿La familia bien? ¿Visteis a alguien del colegio?

ÁNGEL   Sí, todos bien, pero tampoco salí mucho ni vi a gente.

JUAN   Bueno, pues yo sí me encontré con alguien a quien no veía desde hacía tiempo.

CARLOS   ¿A quién?

JUAN   A cierta amiga a la que cierto amigo tocaba… el piano.

JOSE   ¡No puede ser!

ÁNGEL   Pero… ¡cuéntame! ¿Cómo está? ¿Qué es de su vida? ¿Estudia? ¿Trabaja? ¿Sale con alguien? ¿Crees que sigue colada por Jose?

JUAN   Para el carro, Matias Prats. Las preguntas de una en una. Lo que te puedo decir es que está, es muy… crecidita.

CARLOS   Todos hemos crecido.

JUAN   Pero ella más que ninguno.

ÁNGEL   ¿Cómo?

JUAN   Ahora mide, al menos, dos metros. Y, ¡alucinad!, se ha hecho…

ÁNGEL   ¿Modelo?

JUAN   Casi… ¡Militar! Se ha alistado en el ejército!

CARLOS   ¿En serio?

JUAN   Totalmente. Me dijo algo así como que le encantaban las armas y revolcarse en el barro.

ÁNGEL   Siempre me pareció una chica de armas tomar.

JOSE   Bueno, yo me marcho.

JUAN   ¿No quieres saber si preguntó por ti?

JOSE   ¿Lo hizo?

JUAN   Me dijo que te guarda mucho cariño.

(JOSE *se queda pensativo.*)

CARLOS   ¡Qué simpática! Era mi vecina y me contaba cositas… aunque no recuerdo que le gustase revolcarse en el barro.

JOSE   Bueno, Cenicientas, os dejo con la tarea.

ÁNGEL   Pues yo también os abandono, que me tengo que ir a preparar un *casting*.

JUAN   ¿Tú? ¿Un *casting*? ¿De qué?

ÁNGEL   Es para presentar un programa de música.

CARLOS   Qué interesante.

ÁNGEL   Sí, lo hago porque siempre me ha gustado la música y para coger un poco de experiencia con esto de los *castings*, pero no me van a coger ni de coña. Si yo cada vez que me pongo delante de una cámara me siento como un robot.

JUAN   No te engañes, lo que suelen buscar en estas cosas es un tío con una buena percha y tú de eso vas sobrao.

CARLOS   Sí, el talento al final es lo de menos.

ÁNGEL   Hombre, gracias.

JUAN   Creo que lo que Carlos quiere decir es que tu físico ya te da muchos puntos de ventaja. Y, como tú has dicho, te gusta la música y sabes mucho de ella.

CARLOS   Eso es. Solo tienes que sentarte ahí y hablar de lo que ya conoces.

JUAN   Yo creo que lo único que te falta es creértelo un poco más.

ÁNGEL   Bueno, ya os contaré mañana. No me van a coger, y para ser sinceros tampoco me veo presentando un *magazine* musical, pero de todo se aprende. El día que hice un *casting* para un programa de música… puede ser una bonita historia que contar a vuestros nietos.

JUAN   O a los tuyos.

ÁNGEL   No, no me veo de abuelo, pero a vosotros sí. No os lo toméis a mal, me refiero a unos abuelos guapetes tipo *Ocean´s Eleven*. Por cierto, Carlos, siento mucho lo que te ha pasado con el atraco. Siento no haber estado ahí… Y siento haber olvidado llamarte en navidad.

CARLOS   No pasa nada, amigo. Yo tampoco te llamé a ti.

ÁNGEL   Tú tenías una buena excusa.

CARLOS   Entre nosotros no existen las excusas. Si algo no lo hicimos ayer, no pasa nada. Ya lo haremos mañana.

ÁNGEL   Gracias, tío. ¿Sabes?, anoche tuve un sueño rarísimo.

JUAN   ¿A qué soñaste que volvíamos a ser niños?

ÁNGEL   ¿Cómo lo sabes?

JUAN   Porque yo soñé lo mismo.

ÁNGEL   ¿En serio? ¡Qué fuerte! Tú y yo siempre hemos tenido una conexión súper especial.

JUAN   No.

ÁNGEL   Síííí.

JUAN   No.

ÁNGEL   Vale, pues no. Pero sí… Venga, hasta mañana.

           (ÁNGEL *sale de escena.*)

CARLOS   Joder. Pues yo no soñé nada de eso.

JUAN   Tranquilo, yo tampoco.

CARLOS   ¿Y por qué le has dicho que sí?

JUAN   Porque me encanta ver la cara que pone y como flipa con estas cosas.

CARLOS   ¡Qué cabrón! Yo también me lo he creído. Tantos años y aún no te conozco.

JUAN   Pero si ni siquiera recuerdo cómo éramos de niños.

CARLOS   ¿En serio?

JUAN   Bueno, tengo flashes de momentos. Todos muy buenos, la verdad.

CARLOS   Puede que fuéramos más felices.

JUAN   Yo diría que más inconscientes, y más salvajes.

CARLOS   Que va… Vosotros siempre habéis tenido muy claro lo que queríais hacer con vuestras vidas. Como tú, que querías ser el director de un gran hotel.

JUAN   Yo quería mandar. A quién y dónde era lo que menos me importaba.

CARLOS   Pero eso mismo podrías haberlo hecho siguiendo el camino fácil: hacer como tus hermanos y trabajar en la empresa de tu familia.

JUAN   ¿Y verle la cara todos los días a mis hermanos?

CARLOS   Yo siempre quise tener un hermano. Tener a alguien con quien jugar de niño, alguien con quien crecer, alguien en quien apoyarme cuando mis padres se separaron y decidieron emprender cada uno su camino por su lado, pero con una losa común con la que tener que cargar fines de semana alternos. (*Pausa.*) Por suerte, os encontré a vosotros… Si no hubiera sido por vuestra amistad no sé dónde estaría ahora.

JUAN   Seguro que estarías como ahora. Haciendo realidad tu sueño de ser… pintor.

CARLOS   Ese nunca fue mi sueño. A mí me gustaba dibujar y es lo más parecido que encontré.

JUAN   Siempre te recuerdo con tu cuaderno, dibujando… Yo creía que a tías desnudas, pero no, tú pintabas pájaros, el mar…

CARLOS   ¿Sabes por qué lo hacía? Era mi forma de huir del mundo en el que vivía. En mis dibujos mandaba yo. Si tenía un día triste y oscuro, como a menudo solía pasar, podía dibujar otro y llenarlo de color, de alegría, de vida...

JUAN   Nunca me dijiste nada de esto.

CARLOS   No suelo decir nada de mucho. Pintando me acostumbré a observar y puede que, de algún modo, lo incorporara a mi forma de ser. O puede que simplemente sea una persona que tampoco tenga mucho que contar...

JUAN   Todos tenemos algo que contar. Aunque la mayoría de las veces solo hablamos. A veces tengo la sensación de que los cuatro nos hemos pasado todos estos años hablando sin parar, pero, en realidad, no nos hemos dicho nada. (*Cambia de tema.*) Sara me puso un mensaje en Navidad para decirme que había conocido a otro tío. Me dejó por mensaje. La primera chica de la que me enamoro de verdad y me dejó con un simple mensaje.

CARLOS   Lo siento.

JUAN   No se lo he contado a nadie.

CARLOS   ¿Por qué?

JUAN   No lo sé... Pensé mucho, bebí mucho...

CARLOS   ¿Bebiste?

JUAN   Malibú con piña… Quería habérselo contado a estos durante el viaje de vuelta, pero…

CARLOS (*Lo comprende sin necesidad de palabras.*) Ya… Cuando me atracaron, quise contároslo, pero… (*Hace una pausa que lleva implícito un «no pude»….*) Creo que no quería volver a recordar todo lo que sentí… lo que pensé cuando ese tipo me apuntó con un arma.

JUAN   ¿Qué pensaste?

CARLOS Pensé… pensé que, a lo mejor, todo debía de acabar ahí. Pensé en quien vendría a mi entierro si yo muriera y pensé en quién me echaría de menos si yo faltara. Pensé en quién le daría la noticia de mi muerte a mis padres y si llorarían. Pensé en vosotros…

JUAN   Yo te echaría de menos.

CARLOS Por un momento pensé: «pues esto se acaba aquí. Este es final». Pero no tenía miedo… No intenté luchar, no intenté huir… Asumí que ese era el final. Hice todo lo que me dijo ese tío y me quedé ahí esperando a ese momento que al final no llegó. No sé si es que estaba en estado de shock…

JUAN   Es normal…

CARLOS ¿Sabes qué fue lo peor? Que cuando el tipo se marchó y me quedé ahí tirado… Algo dentro de mí quería que hubiera disparado. Como si una parte de mí hubiera querido morir esa noche.

JUAN   Venga, no le des más vueltas. Nunca me ha pasado algo así, pero creo que yo habría hecho lo mismo.

CARLOS   No, tú eres más fuerte. Tú podrías, incluso, haberle quitado la pistola a ese tío y amenazarlo con ella. Jose, que es más sensato, habría tenido el valor de denunciarlo. Y Ángel, tan práctico como siempre, habría escrito un gran artículo. Y yo… yo soy incapaz de hacer alguna de esas cosas.

JUAN   Tú eres capaz de mucho más de lo que crees. Créeme.

CARLOS   (*Cambiando de tema.*) Pues sí que hemos empezado bien el año.

JUAN   (*Dirigiéndose a la cocina.*) Bueno, eso aún se puede cambiar.

CARLOS   ¿A qué te refieres?

JUAN   El año no empieza hasta que nosotros lo decidamos. (*Trae una bolsa de gominolas.*) Con todo el lío de Sara ni me comí las doce uvas, y seguro que tú tampoco. Así que vamos a empezar el año ahora comiéndonoslas.

CARLOS   ¿Con gominolas?

JUAN   A falta de uvas… Además, seguro que en alguna parte del mundo es tradición, y seguro que también lo están celebrando en este mismo instante. (*Saca el móvil.*) A ver, Youtube… Fin de año… ¿Quién quieres que nos de las campanadas? Ramón García, Carmen Sevilla, Isabel Pantoja…

CARLOS   ¡Esa no! Que dicen que es gafe…

JUAN   Belén Esteban…

CARLOS   Por favor, Sálvame.

JUAN   Leticia Sabater… Sí, nada como empezar el año mirándote un tuerto.

CARLOS   Creo que ya se lo ha arreglado. ¿O era algo del himen?

JUAN   Prefiero no saberlo. ¡Ya lo tengo! Anne Igartiburu…

CARLOS   Además, tenemos gominolas de corazones…

JUAN   ¡Es una señal! Pues vamos allá…

     (*Se escuchan unas campanadas que vienen del teléfono de* JUAN. *Ambos empiezan a comerse las uvas y se hace un oscuro.*)

Acto III

Se encienden las luces y vemos a JOSE *y a* JUAN *arreglando la casa y decorándola para una fiesta.* ÁNGEL *está pegado a la mirilla de la puerta.*

ÁNGEL Venga, tíos, rápido que ya viene… (JUAN y JOSE *lo dejan todo corriendo y se esconden detrás de los sofás.*) ¡Esperad!

JOSE ¿Qué pasa? ¿Viene o no?

ÁNGEL No estoy seguro. Pero viene alguien. ¿Habéis invitado a alguien más?

JUAN No, somos solo nosotros tres. ¿A quién más se lo iba a decir? Si últimamente no se relaciona con nadie.

JOSE ¿En qué sentido?

JUAN En ninguno. ¿O es que lo has visto con mucha gente aparte de nosotros?

JOSE Yo es que, directamente, no lo he visto. Entre sus horarios, mis exámenes…

ÁNGEL   Nada. Falsa alarma. Es la vecina de enfrente. Que, por cierto, desde que va a pilates se está poniendo…

JOSE   No puedes enrollarte con la vecina.

ÁNGEL   ¿Por qué? ¿Te gusta a ti?

JOSE   No es eso. Es que te conozco. Te acostarás con ella, luego la dejarás… Y, para los meses que nos quedan en este edificio, no quiero problemas con los vecinos. (*A* ÁNGEL.) ¿Me has oído?

ÁNGEL   Sí, señor. Pues es una pena. El otro día nos encontramos en el rellano y me dijo que le encantaba mi programa.

JOSE   Dime que no la invitaste a tomar algo.

ÁNGEL   No la invité a tomar algo. (JOSE *mira a* ÁNGEL *con cara desafiante*.) Me invitó ella a mí.

JOSE   Dime que no fuiste.

ÁNGEL   No fui.

JOSE   Menos mal.

ÁNGEL   Porque es esta noche.

JOSE   ¿Qué?

ÁNGEL   Tranquilo, no es una cita. Ha quedado con un par de amigas en La Latina y me dijo que si me apetecía que me pasara.

JOSE   ¡¿En qué momento te cogieron para hacer ese programita?!

ÁNGEL   ¿Por qué dices eso?

JOSE   Porque si antes no tenías muchos problemas para ligar, no quiero ni pensar lo que será ahora que sales en la tele.

ÁNGEL   Venga ya, que tampoco es muy distinto.

JOSE   ¿De verdad?

ÁNGEL   ¡Qué va! ¡Es otro mundo! Les da igual si eres mayor o joven, feo o guapo… con que salgas en la tele les vale. Es algo asombroso.

JUAN   Oye, ¿y dices que ha quedado con dos amigas más?

ÁNGEL   ¿Yo he dicho eso?

JOSE   Creo que sí.

JUAN   Tío, llévanos.

JOSE   (*Con ironía.*) ¡Claro! Seríamos como El séquito a la española.

ÁNGEL   Gracias, pero no.

JUAN   ¿Por qué? Ya casi nunca salimos juntos.

ÁNGEL   Porque cada vez que salimos juntos y te pre-
          sento una chica, al final, la espantas.

JUAN   Eso no es verdad. ¿Jose?

JOSE   Bueno... puede que cometas algunos errores,
          pero porque algo no funcione con la mayoría
          de las chicas no quiere decir que tengas que
          renunciar a ser tú mismo.

JUAN   ¿Qué hago mal?

JOSE   No sé... son varias cosas.

JUAN   ¿Varias cosas?

ÁNGEL   Hablas demasiado de tus exs... Eso no suele
          gustarles.

JOSE   Bailas con ellas.

JUAN   Eso les encanta.

ÁNGEL   Cuando el tío sabe bailar. ¿Por qué no te que-
          das en la barra como todos los demás?

JUAN   Porque en la pista hay menos competencia.

ÁNGEL   Hasta que llegas tú, bailas con ellas y las espantas a la barra.

JUAN   Joder. He estado equivocado todo este tiempo…

JOSE   Bueno, hay cosas peores… Este se va a la mañana siguiente y olvida dejarles su número.

ÁNGEL   No me olvido.

JUAN   Pues yo hace meses que no llego a la mañana siguiente.

           (JUAN *saca un ukelele y empieza a tocar.*)

JOSE   Tío, eso es porque les tocas el ukelele… Es que ya no se puede ser romántico…

JUAN   Pues a Pablo Alborán le funciona.

ÁNGEL   No. Lo suyo es una guitarra. Si es que, al final, el tamaño importa… Pero como Carlos no llegue ya, me da a mí que el que no va a llegar a La Latina soy yo. ¿A qué hora le dijiste que viniera?

JUAN   Ya debería de estar aquí. Además, para que viniera antes le dije que teníamos que hablar del alquiler del piso.

ÁNGEL   Ah, pues eso seguro que le hará venir volando. ¿No había una excusa mejor?

JUAN ¿Qué querías que le dijera? ¿Qué había una chica en su cama esperándolo?

ÁNGEL Conmigo habría funcionado.

JOSE Es que no todo el mundo es como tú.

ÁNGEL ¿A los veintitantos años? Siento decirte que sí. Todo el mundo quiere follar a esa edad.

JUAN (A ÁNGEL.) ¿Tú no has pensado en sentar la cabeza?

ÁNGEL ¿Ves? Ese es tu problema. Se nota que buscas desesperadamente una relación, y eso las asusta.

JUAN A las chicas les gusta eso. Alguien con un proyecto de vida.

ÁNGEL Pero no en la primera noche. ¡Vive un poco!

JUAN ¿Tan difícil es entender que no todos buscamos follar por follar y mañana si te he visto no me acuerdo?

ÁNGEL ¿Tú sabes cómo se llama eso? Mentalidad de pueblo. Los dos, ¡eh! Lleváis cuatro años viviendo en Madrid y aún no os habéis adaptado. Seguís con esa mentalidad pueblerina de conocer una chica, casaros, tener muchos hijos, una casa, un perro...

JUAN   Ya he probado a tener rollos de una noche y no me gusta la sensación incómoda de levantarme a la mañana siguiente y no saber qué decir…

ÁNGEL   Pues no te quedes hasta la mañana siguiente.

JUAN   Da igual que sea a la mañana siguiente o a los cinco minutos de haber follado. Lo que no me gusta es esa sensación de vacío. De desnudarme y compartir algo con alguien a quien no conozco y que, muy probablemente, no merezca la pena. Y si por ser así y sentirme de esa manera pensáis que soy un marciano me parece bien, pero yo seguiré buscando a una marciana que quiera lo mismo que yo.

ÁNGEL   ¿Sabes una cosa? En cierto modo, te entiendo. Desde que presento el programa, cuando ahora me ligo a una chica me gusta pensar que está conmigo porque le gusto de verdad y no para presumir con sus amigas de tirarse al famosete de la tele.

JUAN   ¿Y qué haces?

ÁNGEL   Soy práctico. Disfruto del momento y no pienso en eso.

JOSE   (*Irónico.*) Sí, tiene que ser muro.

JUAN   Sí, se le ve… hecho polvo.

(ÁNGEL *coge unos vasos de chupitos y una bote-lla de whisky*).

ÁNGEL   Os lo digo en serio. Desde que he empezado a trabajar en esto ha vuelto esa sensación que he tenido siempre por mi familia… Como si todo el tiempo no estuvieras a la altura de lo que se espera de ti. Como si nunca fueras a llegar a ser tan bueno como tu padre, tu tío y tu abuelo. Los grandes periodistas de la casa. Y, aunque tú sabes que no es culpa tuya, es inevitable sentirse mal.

JOSE   Yo pensaba que se habrían alegrado de tu primer trabajo. Además, sin su ayuda.

ÁNGEL   Sí, una alegría enorme. Mi madre me dijo que esta tontería mía de la música me iba a quitar tiempo para acabar la carrera en la que tanto dinero y esfuerzo han invertido. Y mi padre me dijo que no aceptara el trabajo, que dar paso a videos no era ser periodista. En estos meses nunca me han llamado para preguntarme como me ha ido o se han sentado delante de la tele para ver cómo lo hago.

JOSE   Lo siento mucho.

JUAN   Si te sirve de algo, en mi casa pasa lo mismo y no son reporteros. Le pasa a todo el mundo. Es algo que está en el ADN humano. Los padres no pueden soportar que sus hijos sean mejores o más reconocidos que ellos. Por mucho que disimulen o hagan como que hacen que presumen de ello.

(ÁNGEL *termina de servir y brindan.*)

ÁNGEL   ¿Es que las cosas buenas tienen que venir siempre acompañadas por algo que las empaña?

JOSE   Nada es maravilloso al cien por cien. Al igual que nadie es completamente feliz, por mucho que lo repita.

JUAN   Los que más lo repiten son los que peor están.

ÁNGEL   Y por si eso fuera poco, ahora todo el mundo te mira y te habla de un modo extraño. Hasta vosotros.

JUAN   ¿Nosotros?

ÁNGEL   ¿Cuántas veces me preguntáis al día por el famoso de turno, por si puedo conseguir entradas para conciertos, por cómo me va…?

JUAN   Antes también te preguntábamos.

ÁNGEL   No, antes yo os lo contaba y vosotros hacíais como que me escuchabais.

JOSE   Entiende que para nosotros también es algo nuevo. No es muy normal levantarte un día, abrir *Google* y que lo primero que veas sea la cara de tu amigo y compañero de piso antes de pelearte con él por entrar antes al baño.

JUAN Por no hablar de lo extraño que es ir paseando por la calle contigo y que todo el mundo nos vaya mirando.

JOSE O estar comiendo en un restaurante, como nos pasó el otro día, y que vengan a interrumpirnos cada cinco minutos para hacerse una foto contigo.

JUAN O traer a casa, a tu casa, a tu nueva novia para presentársela a tus amigos y que ella esté más pendiente de lo que dice tu amigo, el famoso, que de ti.

ÁNGEL Te he dicho mil veces que yo no hice nada… Por cierto, ¿qué pasó con aquella chica?

JOSE (*A* JUAN.) ¿No se lo contaste?

ÁNGEL ¿El qué?

JUAN Yo pensaba que era especial y que íbamos por el mismo camino.

ÁNGEL ¿Y por qué pensabas eso?

JUAN Porque no habíamos hecho nada.

ÁNGEL ¿En serio? ¿Ves? Mentalidad de pueblo. Si es que lo lleva ahí…

JUAN

No es eso. Pensé que ella, como yo, quería esperar a conocernos mejor para que además de sexo hubiera sentimiento. La noche en la que os la presenté, bebimos un poco y estábamos como muy calientes. Así que vinimos a casa, nos encerramos en la habitación y cuando íbamos a… Me preguntó si me importaba que te pidiera que te unieras a nosotros.

ÁNGEL

¿En serio? ¿Y por qué no me lo dijiste?

JOSE

(A ÁNGEL.) ¿Lo habrías hecho?

ÁNGEL

No, pero podrías haberlo preguntado.

JUAN

¿Sabéis que es lo peor? Que era la primera, desde Sara, que me gustaba de verdad. ¡Joder! Pero si yo lo único que quería es una novia. Una novia normal, que me quisiera y, a ser posible, que me quiera solo a mí y que no necesite compartirla para poder echar un polvo. ¿Pido tanto?

ÁNGEL

Es curioso cómo te puedes pasar la vida soñando con algo y cuando por fin lo consigues te das cuenta de que no es tan bonito como lo habías imaginado. Porque la vida no puede superar a los sueños. Y porque nada es perfecto al cien por cien.

JUAN

Pues, al menos, en una relación de pareja debería de serlo.

JOSE   Pero eso nos pasa a todos. Yo siento que mientras más cerca estoy de acabar la carrera, menos se parece a *Algunos hombres buenos*.

ÁNGEL   Y siento decirte que tú no eres Tom Cruise.

JOSE   No entiendo las leyes absurdas, ni las que benefician más a los fuertes que a los más desprotegidos, que es la gente a la que me gustaría defender. Pero… también quiero…

ÁNGEL   ¿Vivir bien?

JOSE   ¡Pues sí, joder! Tener un nivel de vida cómodo. Y ganando un euro la hora a dos meses vista como abogado de oficio no lo voy a conseguir.

JUAN   A lo mejor madurar es eso. Asumir que nada es como nos lo vendieron.

JOSE   La vida también son etapas. Ahora estamos peleando por llegar a un sitio, pero, tal vez, el día que lo consigamos simplemente podamos disfrutarlo e ir a hacer nuestro trabajo lo mejor posible. Joder, ¡Qué rallada! Cambiemos de tema…

JUAN   Y si no… siempre puedes buscarte un plan B. Mira Carlos…

ÁNGEL   Eso no es un plan B. Eso se llama supervivencia.

JOSE   Está tardando mucho, ¿no?

JUAN   ¿Tienes prisa?

JOSE   Es que yo también he quedado.

JUAN   ¿Con quién?

JOSE   Nada. Una vieja amiga. Está aquí pasando el
            fin de semana y me invitó a tomar algo.

ÁNGEL   ¿Una antigua amiga que no conocemos?

JUAN   ¿Samara? Hace mucho que no le vemos el pelo.
            Literalmente.

ÁNGEL   Me da a mí que Samara ha vuelto al pozo.

JUAN   ¿La conocemos? ¿Quién es?

JOSE   Da igual.

ÁNGEL
/JUAN   No, no da igual.

ÁNGEL   ¿Quién es?

JOSE   ¿Y si os dijera que es Luna?

JUAN   ¡No! ¡¿Luna!?

ÁNGEL   ¿Quién es Luna?

JUAN   La teniente Oneil.

ÁNGEL   Nooooo.

JUAN   Síííííí.

ÁNGEL   Noooo.

JUAN   Sííí.

JOSE   No empecéis, por favor.

JUAN
/ÁNGEL   Jose y Luna. El reencuentro.

ÁNGEL   Por fin, podrás tocarle algo más que… el pia-
                no.

JOSE   No voy a tocarle nada.

JUAN   Seguro…

JOSE   Seguro.

ÁNGEL   Ten cuidado que, por lo que sabemos, ahora
                es una mujer hecha y derecha.

JUAN   Seguro que está deseando disparar tu arma y
                que os revolquéis en el barro.

JOSE   Algo me dice que preferirá revolcarse con su
                novia. A la que, por cierto, voy a conocer esta
                noche.

ÁNGEL   ¿Novia? No me digas que te ha llamado para hacer un trío…

JUAN   Así ya no serías el único al que le han propuesto un trío.

ÁNGEL   No lo eras.

JOSE   ¿Pero vosotros qué clase de mentes depravadas tenéis? Me escribió hace unas semanas por Facebook. Empezamos a hablar y me contó lo de su chica y me dijo que vendría con ella y que podría estar bien vernos para tomar algo y seguir poniéndonos al día. Pensé en invitarlas al cumpleaños, pero no me fiaba de vosotros.

JUAN   ¿De nosotros?

JOSE   Sí, de cómo reaccionaríais al verla entrar con su novia. No quería que se sintiese incómoda.

ÁNGEL   Perdona, ¿nos estás llamando homófobos?

JOSE   Sé que no lo sois. Me refiero más a que se os pueda escapar alguna pequeña broma con el tema.

JUAN   (A ÁNGEL.) ¿Seguimos hablando del ejército o de que sea lesbiana?

JOSE   ¿Ves? A eso es a lo que me refería. A ese tipo de comentarios.

ÁNGEL   Nosotros nunca haríamos o diríamos algo que
         pudiera hacer que se sintiera mal. Lo que no
         sé es como no nos dimos cuenta antes de que
         era lesbiana.

JOSE   ¿Te reficres a como no viste el enorme cartel
         que llevaba en su frente?

ÁNGEL   No, lo que quiero decir es que esas cosas se
         notan…

JOSE   Ah, ¿sí? ¿En qué se notan?

ÁNGEL   Pues… En la forma de hablar, de vestir… Ca-
         misas de cuadros, pelo corto… Tono autori-
         tario…

JUAN   (Con voz grave.) Voz de camionero.

JOSE   Para tu información no todas las lesbianas son
         así. Al igual que no todos los gays llevan una
         boa de plumas.

ÁNGEL   Ya lo sé.

JOSE   Por esa regla de tres tú serías un gay de manual.

ÁNGEL   ¿Yo?

JOSE   Siempre a la última moda… Barba, uñas y pelo
         perfectamente arreglados… Amante de los
         musicales… De Barbra Streisand, Paloma San
         Basilio…

ÁNGEL   Con Paloma no, eh.

JOSE   Cher, Britney Spears, Lizza Minelli… ¡Pero si hasta te gusta la Pantoja!

ÁNGEL   Tienen grandes voces.

JOSE   Sensible…

ÁNGEL   Me dedico a la comunicación. A la cultura…

JOSE   Empatía con las mujeres…

ÁNGEL   Es mi herramienta de seducción.

JOSE   Lo que te quiero decir es que, según tu propio argumento, por todas esas etiquetas tú podrías ser gay.

ÁNGEL   Pero no lo soy.

JOSE   Pero podrías serlo.

ÁNGEL   ¡Pero no lo soy!

JUAN   Oye, que no pasa nada si lo eres.

ÁNGEL   ¡Que no lo soy! Lo que yo quería decir es que si no te diste cuenta ni tú de que era lesbiana…

JOSE   ¿Y por qué precisamente yo tendría que darme cuenta?

ÁNGEL   No sé… Tal vez, porque salías con ella.

JOSE   Bueno, lo que se dice salir… Éramos unos
          críos.

JUAN   Unos críos que solo tocaban el piano. Y en
          plena revolución hormonal.

ÁNGEL   Eso tendría que habernos dado alguna pista.

JOSE   ¿No os habéis planteado que, quizás, no fue
          por ella por quien no pasó nada más?

JUAN   No me jodas… ¿Su madre se metía en esas
          cosas?

JOSE   No, Juan, su madre no se metía en nada. Me
          refiero a mí.

ÁNGEL   No, tío… No debes culparte por no resultar-
          le atractivo. Vale que no fueras David Beckham
          en sus buenos tiempos, pero tenías tu públi-
          co. Además, con los años has ganado… bar-
          ba… Y mucha… alegría… Y..

JUAN   Sí, tú ereas un chico muy… inteligente. Si no
          le atraías era por un tema de ella, de su ADN,
          de su lesbianez…

ÁNGEL   Eso es. Era por su lesbianitis.

JOSE   Me refiero a que no pasó nada más porque yo
          no quise. Ella se insinuó y hasta se lanzó en un

par de ocasiones, pero fui yo el que la apartó porque no me sentía preparado, ni… atraído.

ÁNGEL   Recuerdo que fumaba mucho. ¿Era por eso?

JOSE   Todos fumábamos a esa edad.

ÁNGEL   Sí, pero ella era de esas que siempre iba acompañada de una nube de humo. Un día la vi salir del baño del instituto con otras chicas y parecía que se abría la puerta dimensional de *Stranger Things*.

JOSE   No me sentía atraído porque era una mujer.

JUAN   ¿En qué quedamos? ¿Niña o mujer?

JOSE   Niña, mujer… ¡Qué más da! No me atraía porque no era un hombre.

JUAN   ¿Eras gay?

JOSE   Es lo que llevo un rato tratando de deciros.

JUAN   ¿Y sigues siéndolo?

JOSE   Sí, Juan. Uno no se levanta una mañana y decide que ahora me gustan los hombres, ahora me gustan las mujeres…

ÁNGEL   No sé… podrías ser bisexual.

JOSE   No.

ÁNGEL   Yo tengo muchos amigos bisexuales que…

JOSE   Créeme que no.

ÁNGEL   ¿Y Samara lo sabe?

JOSE   ¡Samara se llama Antonio, joder!

JUAN   ¿Ha dicho Antonio?

ÁNGEL   Antonio, con «O».

JUAN   ¿Y cómo no nos has dicho nada en todos estos años?

JOSE   Os lo estoy contando ahora.

JUAN   ¿Ahora? Nos hemos criado juntos, hemos dormido juntos, nos hemos duchado juntos… menos follar lo hemos hecho todo juntos.

JOSE   ¿Y qué te crees? ¿Que para mí ha sido fácil?

JUAN   Pues no lo sé. Dímelo tú, porque ahora siento que no te conozco, la verdad.

JOSE   Pues no. No lo ha sido. Llevo años queriendo decíroslo.

ÁNGEL   ¿Y por qué no lo hiciste?

JOSE   Quise hacerlo mil veces. Os lo iba a contar hace años, cuando nos mudamos. Pensé que en Madrid todo sería más fácil, se supone que aquí todo va más rápido.

JUAN   Pues parece que a ti te gusta tomarte tu tiempo.

JOSE   Quería decíroslo, pero luego… no soportaría que me mirarais o me tratarais de forma distinta… Y cada día que pasaba era peor, porque yo también necesitaba dar rienda suelta a mis impulsos. Necesitaba besar, necesitaba amar, necesitaba follar… quería una vida como la vuestra. Y en lugar de afrontarlo con naturalidad, como hace todo el mundo, me cogí la única habitación de la casa con una puerta independiente a la calle.

ÁNGEL   ¿Lo hiciste por eso?

JOSE   Esa puerta me llevó a una doble vida que solo conocía yo y que sentía que, cada día, me alejaba más de vosotros.

JUAN   (*Molesto.*) Ah, cojonudo…

JOSE   No lo entiendes… Por fin podía… ser yo mismo. Durante mucho tiempo odié a las parejas que se abrazaban y se besaban en el metro. Porque quería ser como ellos, pero no reunía el valor... Y, poco a poco, me fui sintiendo más a gusto en esa vida y menos en esta, porque pensaba que era feliz. Pero no se puede ser totalmente feliz sin ser honesto contigo mismo. Solo quiero que sepáis que lo siento. Siento mucho no habéroslo dicho antes. Siento no haber correspondido a vuestra sinceridad…

ÁNGEL   Yo te lo contaba todo…

JUAN   Porque te encanta vacilar.

ÁNGEL   Sí, eso es verdad…

JOSE   Lo siento. Sobre todo, por mí. Siento no haber tenido el coraje y la valentía de haberme aceptado como soy. Porque no creo en otras vidas, creo que solo voy a tener esta y quiero vivirla y disfrutarla tal y como soy. Quiero ir por la calle y coger de la mano a la persona a la que quiero sin pensar en quién podrá vernos y si eso puede afectar de alguna manera a mi trabajo.

ÁNGEL   Venga ya… No vivimos en el 1900. El mundo ha evolucionado…

JOSE   Sí, pero algunos todavía viven en un mundo de intolerancia. Y sí, allá ellos… que vivan ahí, que a los demás eso nos tiene que dar igual. Pero mucha de esa gente aún tiene el poder de hacer daño y por eso todavía no vivimos en ese mundo de igualdad que nos quieren vender. Y dicho esto, entenderé perfectamente vuestro enfado y vuestra desconfianza.

ÁNGEL   Creo que aún estamos a tiempo de arreglar lo de la desconfianza… Y con respecto al enfado, lo único que me cabrea es cuánto has tardado en decírnoslo y que hayas tenido que pasar por esto solo. Aunque ya podrías habernos dado alguna pista, porque mira que te he invitado veces a *Mamma mía...*

(ÁNGEL y JOSE *van a abrazarse, pero se cortan y finalmente todo se queda en unas palmadas en la espalda de* JOSE *por parte de* ÁNGEL. JUAN *permanece sentado en el sofá observando.*)

JUAN   Solo dime una cosa: ¿Te has dejado algo más en el puñetero armario que deberíamos saber?

JOSE   Creo que lo he sacado todo.

JUAN   Pues ven y dame un abrazo.

(JOSE y JUAN *se abrazan.* ÁNGEL *los mira. Poco a poco se va acercando hasta que termina uniéndose al abrazo.*)

ÁNGEL   ¡Dios, soy un puto homófobo! Y yo hablándote de las camisas de cuadros y… debería limitarme a hablar de lo que conozco. Y ser más empático.

JOSE   ¿No dicen que el primer paso para arreglar o mejorar algo es admitir el error? Y te lo dice uno que lleva años equivocándose, pero que tiene la suerte de tener unos amigos que, aún así, lo quieren.

ÁNGEL   Pues claro que te queremos, idiota. Y seguro que Carlos te va a decir lo mismo.

JOSE   ¡Hostias! Carlos… Ahora le voy a tener que contar todo a él otra vez.

JUAN   Por favor, otra vez el monólogo no.

JOSE   He tardado diez años en hablar de esto y cuando por fin me decido me toca repetirlo dos veces en la misma noche. A ver qué le digo a él…

JUAN   Lo que sea, pero resumido.

ÁNGEL   La verdad es que para ser más de diez años, ha estado bien resumido.

JUAN   (*A* ÁNGEL.) Pues sí que te has puesto rápido a trabajar la empatía.

ÁNGEL   ¡Serás mamón!

JOSE   Si me queréis preguntar por alguna de las historias que he tenido o lo que sea, con total libertad, eh.

(ÁNGEL *parece que se anima a preguntar, pero* JUAN *se le adelante y dice.*)

JUAN   Poco a poco.

JOSE   ¿Creéis que se lo tomará bien?

ÁNGEL   ¿Carlos? ¿Nosotros nos lo hemos tomado a mal?

JOSE   Me refiero a que no sé cómo reaccionará… Después de tantos años, aún hay veces que me cuesta entender qué estará pensando.

JUAN   Sin duda, es el más reservado de los cuatro.

ÁNGEL   (*En tono irónico risueño.*) O eso pensábamos. Al menos, hasta esta noche.

JUAN   Controla, que te sales del camino empático.

        (*Se abre la puerta y entra* CARLOS.)

JOSE
/JUAN   ¡Sorpresa!

        (ÁNGEL *no se percata de la entrada de* CARLOS.)

ÁNGEL   La verdad es que ha sido un sopresón. Yo no me lo esperaba. (*En ese momento se gira y ve a* CARLOS.) ¡Ah! ¡Sorpresa! Sorpresa… ¡La que te vas a llevar!

CARLOS   ¿Qué es todo esto? ¿Celebramos algo?

JUAN   Claro, tío. Tu cumpleaños.

CARLOS   (*Lo mira con dolor y, quizá, algo de resentimiento.*) Mi cumpleaños fue hace un mes.

(JUAN y JOSE *miran a* ÁNGEL, *que no entiende nada.*)

ÁNGEL   ¿Por qué me miráis a mí?

JUAN   ¿No habías comprobado la fecha?

ÁNGEL   Lo hice. Lo miré en el calendario de la cocina y estaba señalado en rojo, como todos nuestros cumpleaños.

JOSE   Lo miraste en el calendario de la cocina...

ÁNGEL   Sí.

JOSE   El calendario con un circulo en rojo señalando el día de hoy, pero del mes pasado.

JUAN   ¿Cómo no se te ocurrió comprobar el mes?

ÁNGEL   ¿Cómo no se os ocurrió pasar las páginas?

CARLOS   Tíos, por favor, no discutáis, no pasa nada. Es una sorpresa maravillosa. Así que… vamos a celebrar, aunque sea, que estamos los cuatro. Vivimos en la misma casa y, casi, ni nos vemos… y menos todos juntos.

(CARLOS *se sienta delante de la tarta que está preparada encima de la mesa.*)

ÁNGEL   Claro que sí. Esa es la actitud. (ÁNGEL *comienza a ponerle cosas encima.*) Aquí tienes. Tú banda de cumpleaños, tu gorrito… Bueno, que… habrá que cantarle cumpleaños feliz, ¿no?

JUAN   Venga, vamos.

(JUAN *saca el ukelele para tocar la canción.*)

ÁNGEL   No. El ukelele, no.

JOSE   Venga, sí… Déjale que se la toque.

ÁNGEL   ¿Qué se la toque? Tú estás muy suelto últimamente. Tú te has soltado, pero bien… (*A* CARLOS.) Ahora te va a contar, y te lo vas a pasar…

JUAN   ¿Entonces qué hago? ¿Se la toco o no se la toco?

ÁNGEL   Venga, sí. Tócasela. La puntita nada más. (*Todos cantan cumpleaños feliz.*) Y ahora… La tarta. Receta de mi abuela y hecha con mis manitas.

JOSE   ¿Pero qué dices? Si estos son sobaos del Mercadona.

ÁNGEL   Receta de mi abuela… La Bella Easo. Anda, sopla las velas y pide un deseo.

JOSE   (*Se percata de que no hay velas.*) ¿Qué velas?

CARLOS   ¿No hay velas?

ÁNGEL   Las velas son como la procesión, que van por dentro. Así que tú imagínatelas y sopla igualmente. Qué noche me estáis dando. Si lo sé, no vengo.

(CARLOS *sopla las velas imaginarias.*)

JOSE   Recuerda que hay que pedir un deseo.

CARLOS   Ya lo he hecho. He pedido que sigamos aquí juntos muchos años.

ÁNGEL   ¡No se puede decir! Si lo dices no se cumplirá.

JUAN   El contrato se acaba en un par de meses, así que, en cualquier caso, está difícil que eso se cumpla.

CARLOS   Bueno, siempre podemos mudarnos a otro sitio.

JOSE   A ver qué pasa cuando acabemos la carrera.

ÁNGEL   Sí, yo había pensado que sería una buena oportunidad para probar a vivir solo. No me malinterpretéis, estoy genial con vosotros pero es una idea que me ronda la cabeza desde hace algún tiempo.

JUAN   Yo he estado mirando unos masters que te garantizan un puesto de trabajo en las mejores empresas. Lo malo es que son en Marbella…

JOSE   Pensaba que querías quedarte en Madrid.

JUAN   Es solo una idea…

JOSE   (*A* CARLOS.) ¿Tú has pensado en algo?

CARLOS   No… Me gustaría retomar mis estudios, pero no tengo tiempo y no sé qué me pasa que cada vez me cuesta más centrarme. Al final va a tener razón mi padre y soy un bala perdida. Hace unos días volví a discutir con él. La situación está cada vez peor…

ÁNGEL   ¿Y tu madre?

CARLOS   Está muy ocupada viviendo su propia vida con su nueva y flamante familia de portada de revista. El hijo repartidor, que ha dejado dos carreras, no encaja muy bien con esa imagen. Es mejor no pensar en él, no vaya a ser que aparezca o llame para pedir dinero o para molestar con su complicada vida de veinteañero. Sois los únicos que os habéis acordado de mi cumpleaños. La verdad es que no sé qué haré.

JOSE   Si pretendes darnos lastima, te advierto que la estrategia te está saliendo fatal. Mi madre es todo lo contrario y no sé decirte que es peor. Es como si fuese incapaz de asumir que su hijo ha crecido y llama quince veces al día para contarte lo mismo.

JUAN   O para decirte que no la llamas.

ÁNGEL   O para preguntarte si te drogas.

JOSE   Y te acabarás drogando, pero por su culpa. Para poder coger la llamada número veinte del día y escuchar la misma historia por décima vez sin gritarle: «Ya me lo has dicho».

JUAN   Y te dirá: «Hijo, qué carácter tienes. El mismo que tú padre».

CARLOS   Pues a mí no me importaría que me llamara veinte o cuarenta veces al día. Seguro que es un coñazo, pero también tiene que ser bonito saber que hay alguien ahí que piensa en ti y se preocupa por cómo estás. No sé... Supongo que es la falta de costumbre.

JOSE   Oye, ¿Y si el año que viene buscamos algo juntos? Tampoco nos ha ido tan mal.

JUAN   Aún tenemos tiempo para pensar que vamos a hacer.

JOSE   Tampoco tanto...

JUAN   ¿Quién sabe lo que pasará en estos meses? Venga, no es noche para pensar en estas cosas. Cambiemos de tema.

CARLOS   Sí, por favor. Que alguien hable de otra cosa.

JOSE   Pues precisamente yo quería hablarte de algo...

ÁNGEL   (*A* Juan.) ¿Preparado para el monólogo?

JOSE   No sé por dónde empezar…

JUAN   ¿Por el final?

CARLOS   ¿Ha pasado algo?

JOSE   Verás, lo que quería decirte es que…

CARLOS   Es que…

JOSE   Soy gay.

CARLOS   Ah, vale.

JOSE   ¿Vale?

CARLOS   Sí, vale. Me alegro, tío. (*A* Ángel *y a* Juan.) ¿Vosotros ya lo sabíais?

JUAN   Desde hace un rato.

     (*Todos se miran desconcertados sin entender muy bien la reacción de* Carlos.)

CARLOS   Y bien, ¿no?

JUAN   Sí. Yo me he alegrado…

ÁNGEL   Uy, una barbaridad.

CARLOS   Pues ya está.

JOSE ¿Ya está? ¿No tienes nada más que decir?

CARLOS No. Me parece bien. Lo raro hoy es no ser gay. No le des más importancia.

ÁNGEL ¿Recuerdas a su ex Luna? También es gay.

CARLOS Lo que yo decía...

JUAN Y Jose ha quedado ahora con ella y con su novia.

ÁNGEL Para hacer un trío...

CARLOS (*Sin entender.*) ¿Sales del armario para montártelo con dos tías?

JOSE (*Da una colleja a* ÁNGEL. *A* CARLOS.) A este, ni caso...

CARLOS Venga, vamos a abrir mis regalos.

JOSE ¿Qué regalos?

CARLOS ¿No hay regalos?

ÁNGEL Claro que hay regalos. Toma.

(CARLOS *desenvuelve el paquete que le entrega* ÁNGEL.)

CARLOS Pero si es... es... ¡El disco de tu programa!

ÁNGEL   Exacto. Cuatro CD´S con la mejor música.

JOSE   ¿Todavía se siguen haciendo CD´S?

ÁNGEL   Sí, y firmado por algunos de los cantantes que están en el disco. Para que veas lo que te quiero, hasta se lo he pedido a aquella que te gustaba con la que tuve un rollete.

CARLOS   Hombre, su número de teléfono me habría gustado más.

ÁNGEL   No merecía la pena. Créeme.

CARLOS   Y seguro que habría pasado de mí.

JOSE   Si se entera de que eres su amigo, desde luego.

ÁNGEL   Oye, que le hice una entrevista preciosa. Pero es una cría de dieciocho años insoportable que se cree Mariah Carey y no llega ni a María Patiño. Y luego te encuentras con otras cantantes que llevan toda la vida en esto, con una trayectoria impecable, y son mucho más interesantes, amables, cercanas…

JOSE   Dudo que esta pudiera ser más amable y cercana…

CARLOS   Mira, aquí está su dedicatoria. «Para Ángel. Eres un capullo que la tiene pequeña».

ÁNGEL   ¿Qué me ha llamado? ¡Y no la tengo pequeña!
         (*Todos se quedan callados.*) Vosotros lo sabéis.
         Me habéis visto en bolas…

JUAN   Yo es que nunca me he fijado.

ÁNGEL   No la tengo pequeña. Jose, tú que has visto
         unas cuantas más… Está bien, ¿verdad?

JOSE   Supongo. Yo que sé… ¿Qué te crees que voy
         por ahí con un metro?

ÁNGEL   ¿Veis lo que os digo? Ese comentario solo po-
         dría hacerlo una cría con dos neuronas…

JUAN   Sí, tiene pinta de ser muy pequeña. La mu-
         chacha…

ÁNGEL   ¡Que no la tengo pequeña! Os la enseño. No
         me importa.

         (ÁNGEL *se desabrocha el pantalón.*)

JOSE
/JUAN
/CARLOS ¡No!

CARLOS   Te creemos. Está muy bien. No es nada peque-
         ña. ¿Verdad, Jose?

JOSE   ¿Pero yo qué soy ahora…? ¿El pollómetro?

CARLOS   En serio, tío, no tienes que demostrarnos nada. Y mil gracias por los discos. A ver si tengo tiempo para escucharlos. Trabajo veinticuatro horas al día los siete días de la semana. Estoy tan cansado que antes no sabía si soplar las velas imaginarias o meter la cabeza en la tarta y dormirme en ella.

JOSE   No es legal trabajar tantas horas. Y menos por lo que te pagan.

CARLOS   Es que, en teoría, solo trabajo cuando hago un reparto. El tiempo que estoy allí esperando a que me llamen, no cuenta para ellos. Bueno, es solo algo temporal…

JUAN   Eso mismo dijiste cuando empezaste y ya va para unos cuantos meses.

CARLOS   Es que no tengo tiempo ni para buscar otra cosa.

JUAN   Bueno, aquí está mi regalo.

ÁNGEL   (A JOSE.) ¿Qué regalo?

JUAN   (*Irónico.*) En cierto modo es un poco de los tres.

JOSE   Gracias, tío.

    (CARLOS *lo abre y vemos un dibujo de cuatro amigos enmarcado en un cuadro.*)

CARLOS   Esto… Esto lo pinté yo. Lo hice un verano en
          la playa cuando éramos niños. ¿Pero dónde lo
          has encontrado?

JUAN   Lo tiraste a la basura enfadado porque Ángel
          te lo había manchado sin querer con el bron-
          ceador. Yo lo cogí y lo guardé.

CARLOS   ¿Y lo has tenido todos estos años?

JUAN   Hace unas semanas cuando estuve en casa lo
          vi y pensé que era el momento de que volvie-
          ra con su dueño. Espero que esto te haga ver
          el enorme talento que tienes y que no puedes
          desaprovechar. Creo que te ayudará a recor-
          dar lo que quieres ser, lo que, aunque tú no
          lo sepas, siempre has querido ser.

CARLOS   Gracias, hermano.

JUAN   No hay que darlas.

JOSE   Juan tiene razón. Siempre he pensado que las
          personas como tú, que estáis dotados con un
          don especial para algo, tenéis que aprovechar-
          lo y exprimirlo al máximo. Aunque solo sea
          por los que no tenemos algo así. Por los que
          simplemente podemos limitarnos a emocio-
          narnos con vuestro arte.

ÁNGEL   Por casualidad, ¿No guardarías también algu-
          no de los cuentos que os escribía cuando nos
          íbamos a la playa?

JUAN   Sí, claro… Los tengo todos en mi habitación.

ÁNGEL   ¿En serio?

JUAN   Pues no, tío. Si hubiera ido recogiendo todo lo que habéis ido tirando en estos años, ya me tendríais que haber ingresado en algún psiquiátrico con Diógenes.

JOSE   Estaban muy bien esas historias. ¿Pero para qué las quieres ahora?

ÁNGEL   No sé… inspiración. Hace poco traté de sentarme y volver a escribir. Antes lo hacía con frecuencia y no se me daba mal, pero era como si no tuviera nada que contar… como si estuviera vacío.

JOSE   ¿Pero sabes sobre qué quieres escribir? ¿Tienes una idea?

ÁNGEL   No lo sé. Había pensado en una historia sobre una chica que llega a un pequeño pueblo y monta una librería.

JUAN   Eso es *La librería*. Hasta han hecho la película.

ÁNGEL   No será lo mismo. Mi protagonista se llamará Mayra… Como Mayra Gómez Kemp.

JUAN   Ah, bueno… Si se llama Mayra… *(Irónico.)* Haber empezado por ahí. Eso ya lo cambia todo.

ÁNGEL   Bueno, la verdad es que todo está aún en una fase muy inicial. A lo mejor la muchacha tiene otras inquietudes. A lo mejor a la muchacha no le gustan las librerías… La muchacha es más de cine, y prefiere montar… un videoclub.

JOSE   ¡Joder con la muchacha! Pues menuda ruina le espera a la pobre.

CARLOS   ¿Aún existen los videoclubs?

JOSE   Yo creo que le iría mejor montando un *top manta*.

JUAN   O un locutorio.

JOSE   Bueno, tú sigue dándole vueltas a la historia. Yo me marcho, que no voy a llegar a mi no cita en la que no voy a tener sexo.

ÁNGEL   Ponte condon.

JUAN   Con don Antonio.

CARLOS   ¿Pero te marchas ya? Si aún no hemos ni probado la tarta…

JOSE   La tarta de la abuela… Para vosotros.

(*Sale* JOSE.)

ÁNGEL   (*A* Carlos.) ¿Te gustaría continuar la fiesta to-
           mando algo con la vecina de enfrente y unas
           amigas suyas en La Latina?

JUAN   ¿¡Te lo llevas a él y a mí no!?

ÁNGEL   Podéis veniros los dos. Además, en algún mo-
           mento tendrás que poner en práctica los sabios
           consejos que te hemos dado, ¿no?

JUAN   ¡Eres un amigo!

ÁNGEL   Un inconsciente, eso es lo que soy. (*A* Car-
           los.) ¿Qué me dices? ¿Te apetece?

CARLOS   Mucho. Lo que ocurre es que mañana trabajo
           desde temprano y llevo varios días sin poder
           dormir muy bien. ¿Te importa que me quede
           en casa?

JUAN   ¿En serio?

CARLOS   ¿No os enfadáis?

ÁNGEL   Claro que no.

JUAN   (*Da un salto por encima del sofá.*) Me pongo
           colonia, calzoncillos limpios, cojo el abrigo y
           estoy listo.

CARLOS   Gracias por esta noche.

ÁNGEL   Dáselas a Juan. Él fue el que lo organizó todo. Yo solo tenía que comprobar la fecha en el calendario y fíjate qué bien lo he hecho.

CARLOS   Hace tiempo que no duermo bien, y las pastillas ya no me hacen mucho efecto. Así que tengo que aprovechar cuando estoy cansado para dormir, aunque sean cuatro horas del tirón. Es mi cabeza, que no para de dar vueltas cuando me quedo solo. Me lleva a sitios por los que no me gusta mucho transitar, pero no puedo evitarlo.

ÁNGEL   Eso nos pasa a todos en esta época del año. A lo mejor es lo que llaman astenia primaveral…

CARLOS   Será… (*Cambia de tema.*) Tienes talento para escribir… Y eres tan cabezota que seguro que si te empeñas en que salga lo conseguirás, y no pararás hasta publicar ese maldito libro y encima me juego el cuello a que será un éxito. Pero creo que deberías escribir sobre algo que conozcas. No tiene que ser nada trascendental, pero que sea algo que te emocione. Solo así conseguirás emocionar a quien lo lea. Ese dibujo que tanto le gusta a Juan, trataba sobre algo que conocía, con lo que me emocionaba… mis amigos. Da igual lo que hagas, pero ponle emoción, ponle corazón… Y, para ti, no será muy difícil porque tú de eso vas sobrao.

ÁNGEL   No te tomes a mal esto, pero… ¿Cómo puedes confiar tanto en los demás y tan poco en ti mismo?

CARLOS   No me lo tomo a mal. Es la verdad. Supongo que para algunas personas es más fácil confiar en otros, porque tienen que depositar la confianza que no tienen en sí mismos en algún sitio.

ÁNGEL   Pues a mí me pasa justo lo contrario. Hace tiempo que dejé de confiar en los demás. Creo que el único que nunca me defraudará soy yo mismo. Puede que por eso no consiga encontrar el amor.

CARLOS   Sigue buscando. Seguro que aún queda alguien en este mundo de tarados en quién merece la pena confiar.

JUAN   Estoy listo. ¿Nos vamos? (*A* CARLOS.) ¿Seguro que no quieres venir?

CARLOS   Completamente.

ÁNGEL   (*A* JUAN.) ¿Y tú? ¿Estás seguro de querer venir?

JUAN   Completamente, completamente.

         (ÁNGEL *y* JUAN *salen de escena.* CARLOS *se queda solo y se hace un oscuro.*)

Acto IV

Se encienden las luces. ÁNGEL y JUAN entran en escena. ÁNGEL, algo perjudicado, camina colgado del hombro de JUAN, que lo coloca en el sofá. ÁNGEL se queda dormido en el acto y JUAN aprovecha para ponerle encima todo lo que encuentra a su alrededor. Luego saca el teléfono y le hace una foto a su amigo. JUAN corre a la habitación de CARLOS para compartir con él su gamberrada. Tras unos segundos sale con el rostro desencajado. Se apoya en la pared, sin poder reaccionar por lo que ha visto en el dormitorio, con impotencia… Poco a poco, se deja caer en el suelo y empieza a llorar en silencio, mirando al infinito, sin mover un músculo del cuerpo. El llanto va creciendo hasta convertirse en un grito desagarrado de dolor. Se apagan las luces.

Entran ÁNGEL y JOSE. JUAN los sigue mientras se va quitando la corbata. ÁNGEL y JUAN se sientan en el sofá mientras JOSE se dirige a la cocina.

JOSE   ¿Alguien quiere?

ÁNGEL   ¿En serio vas a comer ahora?

JOSE   Estoy muerto de hambre. No recuerdo cuando fue la última vez que comí.

ÁNGEL   Tendrías que haber venido con nosotros a la cafetería.

JOSE   Estaba allí toda la familia de Carlos. Y no me encontraba con ánimos… ni con fuerzas para hablarles como se merecen.

JUAN   ¿Y cómo se merecen que les hables?

JOSE   Lo siento, pero a mí me hervía la sangre al ver a su padre llorando desconsolado cada vez que se le acercaba alguien a darle el pésame, y diciéndoles lo mucho que amaba a su pobre hijo. Me siento incapaz de prestarme a ese juego. Ese tío es…

ÁNGEL   Era su padre…

JOSE   Sí, un padre de mierda. Un padre que solo estaba para recordarle lo que hacía mal y para repetirle que era una miseria humana. Un padre que le machacó la autoestima hasta que…

ÁNGEL   No digas eso. No sabemos…

JOSE   Sí sabemos…

ÁNGEL   No, no sabemos. Suponemos…, que no es lo mismo.

JUAN   Tenía muchos problemas. Y, visto lo visto, nosotros tampoco hemos sido de mucha ayuda…

JOSE   Tampoco la pidió.

JUAN   ¿Estás seguro de eso?

JOSE   ¿Te lo pidió a ti? Porque a mí no.

JUAN   Si eso te ayuda a llevarlo mejor… Hay muchas maneras de pedir las cosas.

JOSE   Pues debo de ser muy torpe o muy tonto, porque yo solo conozco una.

JUAN   (*A* JOSE.) No te comas eso… Lleva ya varios días ahí.

JOSE   No creo que me mate.

ÁNGEL   Pues espero que no, porque no sé si podría volver a pasar otros dos días como estos. Llevo todo el día pensando en cómo me gustaría dar marcha atrás en el tiempo.

JOSE   Pues me temo que eso no va a pasar. Puede que lo mejor sea asumirlo y hacerle frente. Quizás así… así duela menos.

ÁNGEL   No creo que pueda doler menos. Duele tanto… tanto, que no sé si este dolor se irá alguna vez.

JOSE   Se irá, pero llevará su tiempo…

ÁNGEL   ¿Cómo lo sabes?

JOSE   No lo sé, pero espero que así sea… De lo contrario no voy a perdonárselo nunca.

JUAN   A lo mejor, somos nosotros los que debemos de perdonarnos muchas cosas.

JOSE   Yo no creo que tenga nada que perdonarme.

JUAN   Ojalá pudiera pensar como tú.

JOSE   No voy a ser yo el que cargue con su cobardía y su egoísmo…

JUAN   ¿Cobardía? Pues yo creo que hay que tenerlos muy bien puestos para hacer lo que ha hecho.

JOSE   ¿En serio? ¿Coger una cuerda y acabar con todo? Sin importarte tus amigos, tu familia…

JUAN   Tenía muchos problemas.

JOSE   Pues ten el valor de pedir ayuda.

JUAN   ¿Y por qué iba a pensar en sus amigos o en su familia? ¿Pensaron ellos alguna vez en él? ¿Pensamos nosotros en él? ¿Y cómo te atreves tú a dar lecciones de valentía? ¡Tú! que te has escondido en un armario hasta hace tres días…

JOSE   Sabía que, tarde o temprano, acabarías echándomelo en cara.

ÁNGEL   Venga, tíos… no es el momento.

JUAN   ¿Te has parado a pensar que, a lo mejor, to-
         dos esos miedos que tú tenías son los mismos
         que pudo tener Carlos? La diferencia es que
         él eligió otra opción. Y nosotros no somos
         quién para opinar sobre su decisión…

JOSE   ¿No somos quién? Los que nos hemos criado
         con él, los que hemos convivido con él… ¿No
         somos quién?

JUAN   No, porque tú no eres él, porque tú no esta-
         bas enfermo.

JOSE   ¿Cómo sabes que estaba enfermo?

JUAN   Lo he escuchado.

JOSE   ¿Dónde?

JUAN   Hoy, en el cementerio. Por lo visto llamó a su
         padre hace unos meses, le contó que estaba
         mal y él le buscó una psiquiatra que le dio una
         medicación.

JOSE   ¿Y ya está? ¿Su padre no hizo nada más?

ÁNGEL   A lo mejor no sabía que era tan grave. La no-
         che antes de… Me dijo que no se encontraba
         bien… Os juro que no me di cuenta de que
         era tan grave.

JUAN ¿Y qué le dijiste?

ÁNGEL Nada. Una gilipollez sobre la astenia primaveral. ¿Qué querías que hiciera? No soy un profesional. No soy psicólogo, ni un puto psiquiatra… joder… Esa última noche se repite en mi cabeza en bucle. No paro de ver su cara diciéndome esas palabras… Y me siento culpable por estar pensado en… las chicas a las que iba a ver y en los proyectos que quería hacer… sin darme cuenta de que una de las personas a las que más quería se estaba quedando sin proyectos.

JOSE Tú no podías haber hecho nada.

ÁNGEL ¿Y tú qué sabes? Estaba tan absorto en mi puta burbuja que no sé…

JUAN Todos hemos estado en una burbuja. Hasta Carlos… Pero la burbuja nos ha estallado en la cara. Nos hemos pasado este último año pensando en quien dejará antes el piso… Parece que, al final, Carlos nos ha cogido la delantera a todos.

(JUAN *sale de escena.*)

ÁNGEL Me ha preguntado que donde creemos que le habría gustado que tire sus cenizas.

JOSE Dile que en nuestra playa. Debajo de la palmera donde solía pintar. Creo que allí es donde fue verdaderamente feliz…

ÁNGEL   Eso le he dicho. Pero me ha contestado que no le parece lo suficiente bonito. Que si conocíamos algún otro sitio…

JOSE   Dile que sí. Que las tire en Disneylandia. ¿O tampoco le parece lo suficientemente bonito y divertido todo aquello?

ÁNGEL   Con lo agarrado que es, seguro que las deja en una maceta del parque de atracciones.

JOSE   ¿Y dónde las va a dejar al final?

ÁNGEL   Creo que en su casa. En su dormitorio hasta que decidan qué hacer con ellas…

JOSE   Es curioso, tenía tantas ganas de huir hacia adelante y al final ha acabado volviendo al único lugar donde nunca quiso estar. (JOSE *se levanta y se dirige a su dormitorio….*) Pensaba quedarme en este apartamento el año que viene, pero creo que Juan tiene razón. Creo que ha llegado la hora de abandonar la burbuja.

ÁNGEL   ¿Crees que volveremos a ser los de siempre?

JOSE   ¿Es que alguna vez lo fuimos? (JOSE *sale de escena y* ÁNGEL *se queda recogiendo la mesa. Tropieza con el dibujo que pintó* CARLOS *y lo abraza.* ÁNGEL *sale de escena. Se apagan las luces. Se encienden las luces, es de noche, y vemos a* JUAN *y a* JOSE *tomando un vino en un bar.*) Venga, hombre, que no es para tanto.

JUAN   ¿Que no es para tanto? Lo ha contado todo. Y sin consultárnoslo.

JOSE   ¿Pero qué querías que te dijera? «Juan, voy a escribir una bonita historia sobre nosotros, contando todas nuestras intimidades, y sobre nuestro amigo muerto».

JUAN   Pues mira, algo así…

JOSE   Claro, y tú le habrías dicho con delicadeza: «Claro que sí ¡Adelante! Mucha suerte, colega». Además, si alguien tenía que estar enfadado tendría que ser yo. ¡Me ha sacado del armario!

JUAN   Pero si tú ya estabas fuera.

JOSE   Sí, pero no para que se entere todo el mundo…

JUAN   Esa es la peor parte del libro. Es puro topicazo. ¿Quién se va a creer a estas alturas que el gran drama de un tío de veintipocos años, viviendo solo en Madrid, sea decirle a sus amigos que es gay?

JOSE   Pero fue lo que ocurrió…

JUAN   Ya, tío… pero yo no compro un libro para leer lo mismo otra vez.

JOSE   ¡Pero si te lo envió Ángel!

JUAN   Hombre, solo faltaba… Que encima de no tener imaginación y fusilar nuestras vidas, me
haga pagar por leerlo en un libro.

JOSE   Siendo justos, también es su vida. Tiene derecho a contarla.

JUAN   Bueno, pero no por eso se me va a pasar el ca-
breo. ¿Crees que vendrá?

        (*Llega* ÁNGEL.)

ÁNGEL   Yo creo que sí. Me alegra ver que también habéis venido.

JOSE   Ya sabes que yo no me pierdo una buena fiesta.

JUAN   ¿Has comprobado la fecha?

ÁNGEL   (*Trae una botella y copas.*) Dos veces.

JUAN   Como se nota que la venta del libro está yen-
do bien… Por cierto, estábamos comentando
que hay partes que nos han resultado un poco
familiares.

ÁNGEL   Directo al grano. Sé que debería habéroslo dicho, pero no sabía cómo ibais a reaccionar…
Y después de tanto tiempo sin vernos…

JOSE   Alguien me dijo una vez: «Somos amigos, y
eso está por encima de todo…».

ÁNGEL   Más vale tarde que nunca…

JUAN   Yo creo que eres un grandísimo hijo de puta.

ÁNGEL   Juan…

JUAN   Eres un hijo de puta, porque me has emocionado como pocas veces lo he hecho en toda mi vida. (JUAN y ÁNGEL *se abrazan.*) A mi mujer y a mi suegra les encantó.

ÁNGEL   Ya me leen hasta en Edimburgo…

JUAN   Ha sido bonito recordar los buenos y los malos momentos…

JOSE   Los mejores años de mi vida, con los mejores amigos que he tenido, y como los que no he vuelto a encontrar otros iguales…

JUAN   Ni yo. Y he buscado por medio mundo. Literalmente.

ÁNGEL   Gracias por coger un avión y venir expresamente esta noche.

JUAN   No me lo habría perdido. (ÁNGEL *saca una especie de urna de una bolsa.*) Oye, tío… ¿Qué es eso? ¿Una muestra de orina?

JOSE   No me digas que son las cenizas de Carlos.

ÁNGEL   No exactamente. (*A* JUAN.) ¿Recuerdas el dibujo que le recuperaste por su cumpleaños? Pues lo quemé y lo convertí en cenizas. En sus cenizas, porque sus pinturas eran parte de él. Quiero llevarlas mañana a Málaga, a nuestra playa. ¿Cuento con vosotros?

JOSE   Por supuesto. Le diré a mi secretaria que anule todas mis citas.

JUAN   Yo la verdad es que tengo un poco de lío con el hotel, mi mujer, el niño… Pero… ¿Cómo resistirse a una última aventura de los cuatro?

JOSE   Bien dicho.

(JOSE *alza su copa para brindar.*)

JUAN   Por nosotros.

ÁNGEL   Por Carlos.

JOSE   Feliz cumpleaños, amigo. Allá donde estés… Felicidades.

ÁNGEL   (*Repitiendo al mismo tiempo que cierra un libro.*) Felicidades… (*Se apagan las luces que iluminan a* JOSE *y a* JUAN, *quedando la escena en penumbra, con un único foco que ilumina a* ÁNGEL, *que está sentado en el suelo* —¿la arena?—*… con* CARLOS. *Se escucha el ruido del mar.*) Sí, ya lo sé… No es una novela. Al final me salió así…

CARLOS   (*Alucinado.*) ¡Escribiste una obra de teatro!

ÁNGEL   Sí, bueno… No es una gran historia, pero es la nuestra…

CARLOS   Estoy tan orgulloso…

ÁNGEL   (*Contiene la emoción.*) Es una manera de recordarte, de recordar lo que un día fuimos… (*Pausa.*) O lo que no fuimos, porque a ti no tengo que mentirte. Tú sabes igual que yo que… fracasamos. Que nunca volvimos a vernos después de… tu marcha. Los llamé, para lo de mi obra… pero no vinieron. Todos estaban… demasiado ocupados…

CARLOS   (*Indignado.*) ¡Qué cabrones!

ÁNGEL   Supongo que es lo justo, ¿sabes? Puede que… tampoco haya contado las cosas tal y como ocurrieron… Nosotros… no éramos así, ¿verdad, Carlos? Nosotros nunca hablamos. No de verdad… Supongo que nos queríamos, nunca nos lo dijimos… Nunca nos abrazamos… (*Se abrazan estrechamente… hasta que, con el mismo juego de luces de antes,* CARLOS *se pierde en la penumbra y desaparece, dejando a* ÁNGEL *completamente solo, llorando. Suspira.*) Ninguno supimos darte el cariño, el apoyo y la confianza que necesitabas para seguir luchando. Ninguno supimos escuchar lo que no decían tus palabras. A veces me pregunto si te fuiste para reunirnos… Pero ya ves, ni eso nos devolvió a lo que fuimos, porque ya era tarde y estábamos lejos… muy lejos… en ese lugar donde mueren las palabras.

Fin.

Esta primera edición de *donde mueren las palabras*,
de Ángel Caballero, terminó de imprimirse
en enero de dos mil veinticinco,
en Madrid.